CONFÉRENCE BONCENNE

(Palais de Justice de Niort)

LÉOPOLD GROUSSET

AVOCAT A SAINTES

DISCOURS PRONONCÉ A LA SÉANCE DE RENTRÉE DE LA CONFÉRENCE
LE VENDREDI 5 NOVEMBRE 1875

PAR

LÉONCE LÉVRIER

AVOCAT

Vice-Président de la Conférence.

NIORT

TYPOGRAPHIE DE L. FAVRE

1875

LÉOPOLD GROUSSET

AVOCAT

(NOTICE BIOGRAPHIQUE)

CONFÉRENCE BONCENNE

(Palais de Justice de Niort)

LÉOPOLD GROUSSET

AVOCAT A SAINTES

DISCOURS PRONONCÉ A LA SÉANCE DE RENTRÉE DE LA CONFÉRENCE
LE VENDREDI 5 NOVEMBRE 1875

PAR

LÉONCE LÉVRIER

AVOCAT

Vice-Président de la Conférence.

NIORT

TYPOGRAPHIE DE L. FAVRE

1875

L. GROUSSET, AVOCAT

(NOTICE BIOGRAPHIQUE)

Messieurs,

Lorsque nous nous sommes séparés au printemps dernier, vous m'avez chargé de préparer, pour la rentrée de notre Conférence, l'Eloge de Boncenne, dans la juste pensée de rendre hommage au célèbre jurisconsulte sous le nom duquel nous nous sommes réunis en société. Ce nom avait été heureusement choisi par les membres fondateurs ; il était tout un programme et résumait le double objet de nos études : Art oratoire et Science du Droit.

Vous me pardonnerez, Messieurs, d'avoir dérogé au règlement et choisi de moi-même un autre sujet. La crainte de ne pas remplir dignement la mission que vous m'aviez confiée m'a seule conduit, après quelques réflexions que je vais vous soumettre, non pas à la décliner, mais à en ajourner l'accomplissement. L'Eloge de Boncenne a été prononcé à différentes époques dans sa ville natale, et ces panégyriques étaient en ce moment les seuls documents qu'il me fût permis de consulter. Qu'en aurais-je tiré, sinon un pastiche indigne à la fois du sujet et de notre Conférence ? J'ai pensé, Messieurs, qu'en remontant aux sources mêmes où ont dû être puisés les éléments de la biographie du grand jurisconsulte poitevin, en m'adressant à ses descendants, qui ne sauraient voir une indiscrétion dans ces pieuses recherches, j'aurais peut-être le bonheur de découvrir des faits inconnus ou négligés, en tout cas inédits, qui donneraient à mon travail un caractère plus original. C'est le droit des biographes, bien plus encore que des poètes comiques, de prendre leur bien où ils le trouvent. Mais, à mon sens, les uns et les autres contractent, par là même, le devoir de féconder le sujet qu'ils traitent en sous-œuvre.

Tels sont, Messieurs, les scrupules dont je me suis inspiré pour ajourner le travail que j'avais pris à tâche. Ils vous paraîtront, j'espère, de nature à mériter votre indulgence.

Mais je ne voulais pas revenir au milieu de vous les mains vides et j'ai été amené, par une association d'idées que vous accepterez aisément, à retracer, d'après mes propres souvenirs, la vie trop courte d'un jeune avocat auquel de rares facultés avaient déjà ouvert une brillante carrière, lorsqu'il succomba prématurément. Pourquoi, ai-je pensé, faisons-nous l'éloge des hommes célèbres du barreau et du monde juridique ? Parcequ'ils honorent les travaux et la science qui font l'objet constant de nos études et aussi parceque leur vie exemplaire, consacrée à de nobles labeurs, est pleine d'enseignements et propre à exciter une généreuse émulation. Mais, à ce dernier point de vue, la vie d'hommes plus modestes ne mérite-t-elle pas d'être louée au même titre ? C'est aux efforts de l'intelligence aux prises avec les difficultés de la vie sociale et professionnelle, aux épreuves noblement supportées, que nous rendons hommage : ce n'est pas seulement le succès que nous admirons. Dès lors, n'est-il pas bon de descendre parfois des sommets de la célébrité pour mettre en lumière des personnalités plus humbles , mais non moins méritantes ? Autrement, n'imiterions-nous pas cette injustice, souvent involontaire, il est vrai, qui consiste à attribuer au général seul les triomphes de toute une armée, et, en le glorifiant, à laisser dans l'ombre les héros obscurs qui l'ont secondé ? Soyons plus équitables, me suis-je dit, et mettons à l'ordre du jour ceux auxquels n'a manqué que le temps pour sortir des rangs et recueillir les suffrages de leurs concitoyens ; il suffit de leurs commencements pour avoir droit à de justes éloges. Et, en cherchant dans mes souvenirs la figure qui conviendrait le mieux à ce modeste cadre, celle de Léopold Grousset s'est aussitôt présentée à mon esprit.

Grousset naquit à Ciré, petit bourg voisin de Rochefort, en l'année 1843. Son père, ancien chirurgien militaire, était venu s'y établir médecin de campagne. C'était une retraite, mais non un repos, que de longs services et un âge déjà avancé avaient pourtant rendu nécessaire. Grousset vint au jour faible et chétif, et, pour conserver l'existence, il fallut qu'il rencontrât autour de son berceau toutes les ressources de l'art, unies au dévouement de la famille. Il survécut, mais resta d'une complexion maladive qui amena dans sa santé des désordres sans cesse renaissants. Il ne put commencer ses études que fort tard et dut souvent les interrompre. Pour résister aux assauts du mal dont le germe fatal se développait peu à peu, comme pour combattre l'énervement que ces intermittences devaient produire en lui, il fit appel à tout son courage et s'habitua de bonne heure à lutter de patience et d'énergie contre les obstacles. Le temps, c'est de l'argent, ont dit les positivistes modernes. En le définissant par ce qu'il permet d'acquérir, on peut dire de même : Le temps, c'est le savoir, cette richesse de l'intelligence! Or, le temps manqua beaucoup à Grousset ; mais son jeune esprit suppléa par un développement rapide et précoce aux travaux continus et méthodiques de ses condisciples et, dans les hautes classes, il eut sa part des succès universitaires. Une imagination vive, un esprit ouvert, une élocution facile, une sensibilité profonde, voilà ce que ses maîtres avaient surtout remarqué en lui, lorsqu'il arriva au terme de ses études.

A cette époque de sa vie, dangereuse époque de transition, sa santé sembla s'améliorer, ses forces grandir, et les inquiétudes des siens se calmèrent. Mais, s'il triomphait de la maladie, il en gardait la trace fatale. Son corps était resté débile et grêle, ses traits avaient conservé cette altération qu'apporte la souffrance, et enfin une double claudication rendait à jamais sa démarche pénible et disgracieuse.

Enfin le voilà bachelier. Quelle carrière va-t-il embrasser ? La médecine, qui lui permettra, dans quelques années, de succéder à son vieux père ; c'était d'ailleurs le vœu de celui-ci, qui avait conservé l'amour de sa profession. Il revient donc étudiant dans la ville qui l'a connu écolier et suit les cours de l'Ecole de médecine. Assez d'études humanitaires, oublions les gestes des Grecs et des Romains, fermons l'herbier classique et ouvrons le livre vivant de la Science expérimentale! Grousset se prend d'un intérêt passionné pour ces travaux qui le captivent et donnent à ses facultés un essor inattendu ; il travaille sans relâche, et ses maîtres, obligés de tempérer son ardeur, voient avec attendrissement ce zèle dans l'étude de l'art de guérir déployé par un jeune homme que sa constitution vicieuse semble condamner à une fin prématurée. Pour lui, stimulé par ses succès (deux médailles d'honneur, que sa famille garde comme de précieuses reliques), il redouble d'application et d'efforts.....

Mais ses forces trahissent son courage et s'affaiblissent chaque jour. L'atmosphère des salles d'hôpitaux et de l'amphithéâtre, les fièvres paludéennes qui règnent dans la contrée, exercent sur sa frêle constitution une influence pernicieuse et dictent à ses maîtres un arrêt cruel : Il doit renoncer aux études médicales, mener une existence tranquille, éviter tout travail prolongé... A cette seule condition, il pourra vivre!.... C'est le cœur serré que Grousset change à la fois de résidence et d'études et qu'il va prendre sa première inscription à la Faculté de Droit de Poitiers. Comment s'en étonner ? Quel intérêt peut présenter un cours de procédure à l'esprit qui s'est livré à une longue observation des phénomènes physiologiques ? Comment les abstractions juridiques pourraient-elles séduire l'intelligence, après l'empirisme ? Grousset ne se distingua point de la masse des étudiants et ne fut apprécié que d'un petit groupe d'amis, qui négligeaient comme lui *les cinq Codes* pour compléter leurs études littéraires et historiques. Ceux-là seuls connurent l'élévation et l'originalité de son esprit, devinèrent l'énergie morale dont il était capable et présagèrent qu'il sortirait un jour de la foule.

Grousset obtint, en 1866, le diplôme de licencié en droit, et sa famille le pressa de choisir une profession. Après s'être interrogé, et sans croire obéir à une véritable vocation, il prit subitement son parti et déclara qu'il allait entrer au Barreau.

Le Barreau ! Il a été dans tous les temps, il est aujourd'hui encore, selon l'expression d'un avocat qui devint plus tard un éminent magistrat [1], « la profession des hommes libres des entraves qui captivent les autres hommes, trop fiers

(1) Henrion de Pansey.

pour avoir des protecteurs, trop obscurs pour avoir des protégés, sans esclaves et sans maîtres. » Caractère indépendant avant tout, Grousset devait être séduit par la liberté, qui est l'apanage de cette profession. Il ignorait à quel point il y était propre par les dons heureux que la nature avait réunis en lui : il était accessible aux généreuses indignations, aux nobles enthousiasmes, aux élans spontanés; son esprit orné, sa riche imagination le protégeaient contre deux écueils, la monotonie et la banalité; une modestie de bon aloi, qui augmenta toujours la sympathie qu'il inspirait, l'empêchait d'analyser aussi exactement ses aptitudes; seulement un vague pressentiment du succès le soutenait dans sa résolution.

Mais cette résolution, il faut la réaliser, et, après sa lutte contre la mort qui avait tant de fois étendu la main vers lui, commence cette lutte, plus difficile encore, que les poètes ont appelée « la bataille de la vie. »

Le jeune avocat alla s'établir à Saintes, chef-lieu judiciaire de son département, sans se dissimuler les difficultés qu'il aurait à vaincre pour se faire connaître dans une ville où il n'avait même pas l'appui moral des relations et du commerce ordinaire du monde. En outre, il n'ignorait pas que la Barre à laquelle il venait se fixer comptait des avocats en possession de la renommée et dans toute la force du talent. — Il m'a souvent raconté son arrivée dans sa nouvelle résidence et les impressions qu'il éprouva alors : « J'arrivai le soir, seul, et descendis à l'hôtel comme un voyageur. Personne pour me souhaiter la bienvenue, pas une main pour serrer la mienne. Le hasard fit que je n'avais dans la ville aucun camarade de collège ou d'école... Je me trompe, j'en avais un qui me montra toute la froideur d'un étranger. Dès le lendemain, je me présentai chez mes confrères. La cordialité de quelques-uns, la courtoisie de tous me rendirent quelque courage. Je me souviendrai toute ma vie de l'accueil paternel que je reçus de l'un d'eux ; il me retint longtemps et une profonde sympathie s'établit dès ce jour entre nous... Malgré cela, lorsque je me retrouvai seul, à la fin de cette journée, je compris l'isolement dans lequel j'allais vivre, la lutte que j'aurais à soutenir contre mille obstacles, mon inexpérience, mon obscurité, l'indifférence toute naturelle du public ; je fus sur le point de perdre espoir et de revenir près de mon père. Mais le souvenir de ma famille réveilla énergiquement en moi l'idée du devoir. Je m'étais juré de me suffire promptement et en même temps de conserver toute mon indépendance ; je demeurai. » Il demeura, en effet, se fit clerc d'avoué et fréquenta le Palais où, pendant plusieurs mois, il ne fit qu'augmenter le nombre des stagiaires. Je passe sous silence ses débuts, qui furent remarqués des magistrats et de ses confrères sans lui procurer aucune notoriété. Je ne parle pas des alternatives d'espoir et de découragement qu'il traversa, d'une longue maladie qui vint encore paralyser ses efforts, et j'arrive à l'époque où il vit l'horizon s'éclaircir et se dessiner la route dont, hélas, il n'a parcouru que les premières étapes !

La réputation d'un avocat s'improvise rarement, Messieurs ; elle est le fruit du travail, qui comporte des progrès graduels et continus, et du mérite qui, avant d'être reconnu, doit être mis plus d'une fois à l'épreuve. Pourtant, dès la fin de sa deuxième année de stage, certaines plaidoiries de Grousset, prononcées au grand criminel dans des affaires où la gravité des faits prêtait aux développements oratoires, produisirent une sensation profonde dans le milieu judiciaire et dans le public. Pour vous donner une juste idée de l'avocat, de son genre de talent et de l'effet qu'il produisait sur son auditoire, je vais essayer de retracer une de ces audiences criminelles, où la foule remplit le prétoire et suit avidement les péripéties du drame judiciaire qui se déroule sous ses yeux.

La curiosité et l'intérêt ont atteint leur plus haut diapason. Le ministère public a terminé son réquisitoire et l'audience, suspendue un moment, va reprendre son cours. Voici le tour de la défense, et l'on cherche des yeux l'avocat: Où donc est-il ?... Un pas inégal se fait entendre, un jeune homme, qu'à sa taille on prendrait pour un enfant, entre vêtu de la robe dans la barre, d'où ses épaules émergent à peine, et tourne vers le public un visage aux traits irréguliers et tourmentés. Un murmure circule dans la salle: « C'est le défenseur ! » On devine aisément un sentiment de déception et de pénible surprise. Plusieurs personnes sortiraient de l'enceinte si le silence ne venait de se rétablir pour entendre l'avocat.

Il commence, et l'on est d'abord étonné d'entendre une voix forte sortir de cette étroite poitrine. Cette voix, un peu aigre d'abord, se remplit et s'assouplit peu à peu, et une parole chaude, colorée, vibrante, dont un léger tremblement accuse l'émotion contenue, fait courir dans l'auditoire ce frémissement qui caresse et maîtrise l'âme.

Quelle transformation chez l'orateur ! Ce front déprimé rayonne maintenant d'intelligence, une flamme intérieure semble éclairer le regard, on suit l'enfantement de la pensée et, par une irrésistible sympathie, on s'y associe pleinement, tant est contagieuse l'émotion vraie, alors même qu'elle procède de l'illusion !

Il y a sans doute à reprendre, au point de vue des règles oratoires, dans cette improvisation rapide, où l'esprit verse le premier jet de ses conceptions, où le cœur donne un libre cours aux sentiments tumultueux qui l'agitent. L'Art voudrait une parole plus maîtresse d'elle-même, des effets plus mesurés, moins de sensibilité et de passion. Cette ardeur un peu fiévreuse produit parfois, quoique rarement, un sentiment de malaise, nuit à la méthode et à la discipline : mais c'est de l'Eloquence, si l'éloquence consiste à persuader, à émouvoir, à entraîner l'auditeur.

Y a-t-il rien d'exagéré dans ce tableau, dans ce portrait ? Non, mes souvenirs sont précis, et je ne suis qu'un peintre fidèle. J'en appelle à ceux qui se distinguaient déjà à côté de Grousset et qui lui ont survécu pour l'honneur de cette Barre de Saintes, si riche en avocats de talent.

Si Grousset débutait en maître dans la plaidoirie criminelle, est-ce à dire que c'était pour lui comme une spécialité hors de laquelle il retombait dans une médiocrité banale ? Nullement : il était trop bien doué pour être jamais vulgaire, même dans la plaidoirie civile, où son élocution facile et la vivacité d'un esprit prompt à s'assimiler les notions les plus nouvelles ne le laissaient jamais désarmé. Mais je ne fais aucune difficulté de reconnaître que, dans ce genre, il avait des rivaux et des maîtres. Il faut, pour y exceller, une pratique et une science que le temps seul permet d'acquérir, et, s'il eut parcouru une longue carrière, il n'est pas douteux que les causes civiles, où la voix peut s'élever dès qu'elles touchent à l'honneur ou à l'état des personnes, sont celles qui auraient le mieux convenu à son tempérament.

Les années 1869 et 1870 virent grandir le talent de Grousset, sa nature sympathique lui fit de nombreux amis, et tout, jusqu'au contraste qui existait entre son physique et ses heureuses qualités, contribua à le rendre populaire. On l'appelait souvent « le Boîteux » pour le distinguer de ses confrères. Il le savait et n'en était point blessé. Pourquoi y aurait-il vu une offense ? Les noms d'hommes célèbres par leurs vertus ou leur courage ne sont-ils pas venus jusqu'à nous avec de glorieux sobriquets, tirés de leurs infirmités et religieusement conservés par la tradition et par l'histoire ?

Son infirmité, Grousset ne la regretta qu'une seule fois dans sa vie, c'est quand elle le condamna à l'inaction, alors qu'il voyait ses confrères, ses amis, abandonner leurs travaux, leurs affections, leur foyer, pour courir à la défense du pays. « Je suis impuissant comme un vieillard », nous disait-il en pleurant, à l'heure des adieux. Et personne ne douta de sa sincérité : on savait son cœur à la hauteur de tous les généreux sacrifices.

Ceux qui se séparèrent de lui, à cette époque, ne devaient pas le revoir. La surexcitation que jetaient dans tous les esprits les événements politiques et militaires du temps agit fortement sur son organisation nerveuse et impressionnable. Une fièvre lente, qui le minait sourdement depuis plusieurs mois, épuisa en lui les sources de la vie et il mourut en croyant s'endormir.

Pour compléter la biographie de Grousset, il me faudrait étudier sa physionomie sous un autre jour, et aborder des idées qui ne sont pas du domaine de cette Conférence. Eu égard au but que je me propose ici, je me souviens du conseil de Voltaire, que Grousset connaissait bien : « Les éloges doivent avant tout être proportionnés à ce qu'il y a à dire sur chaque homme. »

« Je connais bien des gens, a dit un écrivain de notre temps [1], qui n'en auraient pas pour un quart d'heure à conter ce qu'ils ont fait, souffert ou appris en soixante ans. A part quelques exceptions, la vie humaine est surtout pleine de vide. » Grousset est du petit nombre de ces

---

(1) M. Edmond ABOUT.

natures d'élite à qui une courte existence a suffi pour qu'elle pût être proposée comme exemple.

Je n'oublie pas, Messieurs, que je ne parle pas seulement devant des Avocats et que plusieurs d'entre vous se destinent à d'autres carrières que le Barreau. Qu'importe ? Il y a pour tout le monde un précieux enseignement dans la biographie que je viens d'esquisser.

Avoir dans une carrière difficile, et parmi des rivaux distingués, conquis en quatre années une des premières places, et cela par ses propres forces, avec une parfaite loyauté, sans jamais recourir à ces petites intrigues que condamne la probité sévère de notre Ordre et qui sont la vaine ressource des impuissants ; avoir goûté les vives jouissances de l'esprit, c'est-à-dire avoir compté de ces succès qui inspirent à l'homme un légitime orgueil, parcequ'ils lui révèlent la mesure de sa valeur morale ; avoir enfin gagné la considération, l'estime, les sympathies de ses concitoyens et emporté en mourant leurs unanimes regrets, c'est apparemment, Messieurs, avoir eu ici-bas une vie bien remplie et digne d'éloges !